AF546699
www.entdecke.de

Entdecke
die Esel
Judith Schmidt

Titelbild: Zwischen Mutter und Jungtier besteht eine enge Bindung
Rückseite: links: Gescheckte Esel werden immer beliebter | rechts: Eselfohlen sind einfach süß!

Seite 1: Das klassische „Grauohr“
Seite 2/3: Nach dem Spielen muss sich das Eselfohlen auch mal ausruhen

3. Auflage 2025

ISBN: 978-3-86659-291-9

An der Kleimannbrücke 39/41
48157 Münster
Tel.: 0251-13339-0
Fax: 0251-13339-33
E-Mail: verlag@ms-verlag.de
Home: www.ms-verlag.de
Geschäftsführung: Matthias Schmidt
Layout: Ann-Christine Ottenjann
Lektorat und Bildredaktion: Kriton Kunz
Druck:Drusala, Dobrá

Titelbild: J.-L. Klein & M.-L. Hubert/Juniors/ juniors@wildlife
Rückseite: rechts: Eric Isselée/Thinkstock Images International
Rückseite: links: TEXTUREW/Thinkstock Images International
Vorsatz: fullempty/ Shutterstock

Alle in dieser Aufstellung nicht aufgeführten Fotos sind von der Autorin.

Shutterstock:
Seite 1: DragoNika
Seite 2+3: Montenegro
Seite 4+5: Itan1409
Seite 5: oben links: DragoNika
Seite 6: Mtte: inavanhateren
Seite 8: oben rechts: Sergei25
Seite 12: oben links: Eric Isselée
Seite 12: oben Mitte: Jaroslav Bartos
Seite 13: arturasker
Seite 15: unten: DragoNika
Seite 16: oben: Benjamint
Seite 17: oben rechts: DragoNika
Seite 17: Mitte rechts: Acambium64
Seite 19: Rachele Totaro IT
Seite 20+21: DragoNika
Seite 23: Eric Isselée
Seite 24+25: leospek
Seite 26: oben: Fotonium
Seite 26: unten rechts: Alex Tihonovs
Seite 27: unten rechts: alfernec
Seite 28: DragoNika
Seite 29: oben: Rachele Totaro IT
Seite 31: oben links: Tony Mathews
Seite 31: oben rechts: CyberKat
Seite 32: oben links: Rachele Totaro IT
Seite 32 unten Mitte: DragoNika
Seite 33: oben links: Bildagentur Zoonar GmbH
Seite 33: oben rechts: Catalin Petolea
Seite 33: unten rechts: arka38
Seite 34: oben: IreneuszB
Seite 34: unten: Inga Nielsen
Seite 36: kataleewan intarachote
Seite 37: unten: versh
Seite 41: Nicole Hollenstein
Seite 45: oben rechts: Petr Stalbovskiy
Sete 46: oben links: DragoNika
Seite 46: oben rechts: DragoNika
Seite 46: unten: DragoNika
Seite 47: oben: Rocksweeper
Seite 48: Leena Robinson
Seite 49: oben rechts: autbmoore
Seite 49: Mitte: Eric Isselée
Seite 49: unten rechts: risteski goce
Seite 50: Mitte rechts: Jess Kraft
Seite 50: unten rechts: RobHamm
Seite 60: unten: pedrosala
Seite 61: unten rechts: karla385
Seite 62+63: Olga Gavrilova
Seite 64: Gaspar Janos

Thinkstock Images International:
Seite 6: oben links: WendellandCarolyn
Seite 6: oben links (Zeichnung): asmakar
Seite 6: unten: moodboard
Seite 10: Hintergrund: Zwilling330
Seite 11: unten: Valerij Kalyuzhnyy
Seite 12+13: Himmel: kokoroyuki
Seite 12: Mitte: Eric Isselée
Seite 16: unten links: Farinosa
Seite 18: unten links: delray77

Seite 22: unten: Eric Isselée
Seite 30+31: alexeys
Seite 32: unten links u. rechts: Zoonar/O.Kovach
Seite 35: allenowen
Seite 37: oben links: toomler
Seite 37: oben: kokoroyuki
Seite 38: Mitte: rclassenlayouts
Seite 44+45: Sarie van Rooyen
Seite 49: oben links: goce
Seite 50: unten links: Skabarcat

juniors@wildlife:
Seite 8+9: unten: Minden Pictures/ Juniors
Seite 10: Mitte: A.Mertiny
Seite 10: unten: D.Buerkel
Seite 43: unten: J.-L. Klein & M.-L. Hubert/Juniors
Seite 60: oben: Biosphoto/ juniors@wildlife

Arco Images GmbH:
Seite 7: imageBROKER/ Torsten Krüger
Seite 8: oben links: Matthias Graben
Seite 9: oben links: Roland Seitre
Seite 9: oben rechts: Roland Seitre
Seite 14: unten: Rainer Kiedrowski
Seite 17: unten: C. Bömke
Seite 39: Westend61/Sebastian Kanzler
Seite 40: oben: imageBROKER/ Alessandra Sarti
Seite 42: links: imageBROKER/ Silke Klewitz-Seemann
Seite 52: oben: imageBROKER/ Martin Siepmann
Seite 52: unten: imageBROKER/ Martin Jung
Seite 53: C. Hütter
Seite 54: oben: NPL/Lynn M. Stone
Seite 55: NPL/Lynn M. Stone
Seite 56: oben: Westend61/ Alun Richardson
Seite 56: unten: imageBROKER/ Andrey Nekrasov
Seite 57: oben links: imageBROKER/ Johannes Pfatschbacher
Seite 57: oben rechts: FLPA/ John Eveson
Seite 57: unten: imageBROKER/ Christian Heinrich
Seite 58+59: Westend61/ Martin Moxter

Okapia KG:
Seite 51: unten: imagebroker/ Klaus-Peter Wolf

Inhaltsverzeichnis

Esel sind liebenswerte Charaktertiere!

Pferd und Esel sind nahe miteinander verwandt

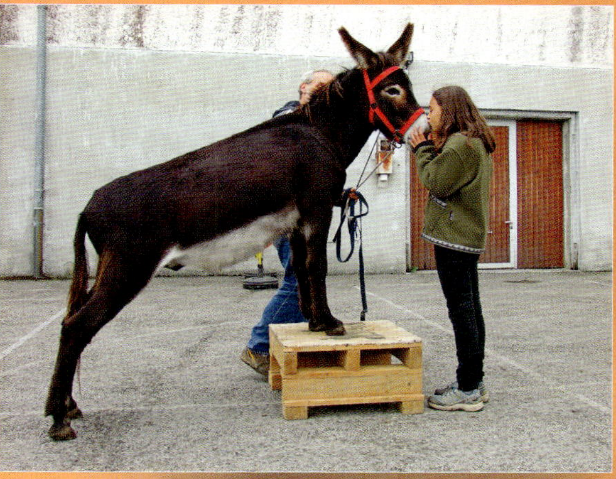

Esel und Mensch können zusammen ein tolles Team werden!

Willkommen in der Welt der Esel!

Wie fast alle Mädchen und viele Jungen war auch ich in meiner Kindheit total vernarrt in Pferde. Neben den vielen Pferdepostern, die in meinem Zimmer an der Wand hingen, gab es aber auch vereinzelt welche von Eseln. Als ich erwachsen war und endlich eigene Pferde hatte, erinnerte ich mich an die hübschen Eselbilder aus meiner Kindheit. Nach wie vor liebte ich auch diese Tiere sehr. Also kaufte ich mir Esel und war mir sicher, dass sie gut zu meinen Pferden passen würden. Da hatte ich mich aber gründlich vertan. Denn Esel sind ganz anders als Pferde.

Ich lernte durch die Esel, die Welt mit ihren Augen zu sehen: was sie gerne fressen, welches Wetter sie am liebsten mögen, wie schlau sie sind und noch vieles mehr. Was Esel so besonders macht, das möchte ich Dir in diesem Buch zeigen, unterstützt von der schlauen Eule Xabi. Komm mit auf einen spannenden Streifzug durch die Welt der Esel!

Eselgeschichten

Du kennst den Esel bestimmt aus der Weihnachtsgeschichte: In der Krippe waren Ochs und Esel Zeuge der Geburt von Jesus Christus. Auch trug ein Esel Maria mit dem Jesuskind, als sie nach Ägypten fliehen mussten, und Jesus ritt nicht auf einem weißen Ross, sondern demütig auf einem Esel nach Jerusalem ein.

Auf vielen Karten der Vorweihnachtszeit siehst Du den Heiligen Nikolaus in Begleitung eines Esels durch den tiefen Schnee stapfen. Hauptrollen spielen die Grauohren zudem in Märchen wie „Tischlein deck dich", wo ein Esel hinten und vorne Golddukaten fallen lässt, in „Die Bremer Stadtmusikanten", wo sich auf dem Eselrücken Hund, Katze und Hahn türmen, oder in der Filmreihe „Shrek", wo ein Langohr der getreue Gefährte des grünen Ogers ist.

Esel spielen wichtige Rollen in vielen Geschichten

In der berühmten Geschichte des Don Quichote nennt dessen Knappe Sancho Panza sein Reittier immer nur Rucio (sprich: Rußio). Das ist kein Name, sondern ein liebevolles spanisches Wort für „Esel".

Don Quichote in Begleitung seines Knappen Sancho Panza auf dem Esel

Wer kennt nicht das Märchen von den Bremer Stadtmusikanten?

Asiatische Wildesel bewohnen extreme Lebensräume

Vom Afrikanischen Wildesel, den Du hier siehst, stammt unser Hausesel ab

Woher kommt der Esel ursprünglich?

Der Esel, so wie Du ihn heute kennst, stammt ursprünglich gar nicht aus Europa. Wissenschaftler haben herausgefunden, dass unsere Hausesel alle vom Afrikanischen Wildesel abstammen. Von dieser Art leben heute nur noch wenige Exemplare in Äthiopien, Eritrea und Somalia im Nordosten Afrikas. Sie bewohnen trockenes Steppen- und Buschland mit steinigen Böden. Dort kann es extrem heiß werden, bis über 50 Grad Celsius!

Der Afrikanische Wildesel erreicht bis zu 140 Zentimeter Schulterhöhe. Auffällig sind seine gestreiften Beine.

Heute gibt es in der Natur nur noch wenige Afrikanische Wildesel. Weltweit leben in den Zoos mehr Exemplare als in den ursprünglichen Lebensräumen in Afrika! Die Zoos vermehren die Tiere und sorgen auf diese Weise dafür, dass die Art nicht ausstirbt.

Kiangs kommen mit der winterlichen Kälte ihrer Lebensräume in Asien gut zurecht

Kiangs erinnern eher an Wildpferde als an Esel

Eine Kiang-Stute mit ihrem Fohlen

Außerdem existieren noch zwei weitere Arten von Eseln:
Der Asiatische Esel wird etwas größer als ein normaler Hausesel, und seine Ohren sind noch länger. Er bewohnt trockene Halbwüsten, Steppen und teils sogar Wüsten in der Mongolei, Turkmenistan, Kasachstan, Indien, Iran, Ukraine und Saudi-Arabien. Auch hier wird es im Sommer brütend heiß, im Winter dagegen klirrend kalt, mit Temperaturen bis minus 35 Grad Celsius. Der Kiang, der auch Tibet-Wildesel genannt wird, ist die größte Art der Esel und erreicht bis über 140 Zentimeter Schulterhöhe. Seine Ohren sind kürzer als die des Asiatischen Esels, seine Mähne ist länger. Insgesamt ähnelt der Kiang eher einem Pferd als einem Hausesel.

Er bewohnt das Hochland von Tibet und benachbarte Gebiete in China, Indien und Pakistan. Auch seine Lebensräume sind trockene Steppen und Halbwüsten, in denen es im Winter kalt wird.

Von Urpferdchen kennen wir nur Skelette. Forscher vermuten, dass sie so aussahen wie diese Nachbildung. Anfangs lebten Urpferdchen im Wald, erst später drangen Arten auch in die Steppe vor.

Vom Urpferdchen zum Wildesel

Die Knochen verraten es

Wie fanden Wissenschaftler eigentlich heraus, ab wann der Wildesel wirklich gezähmt war? Vor einigen Jahren haben Archäologen – das sind Forscher, die sich mit Ausgrabungen befassen – vollständige Eselskelette gefunden. Sie lagen in 5 000 Jahre alten Gräbern südlich von Kairo in Ägypten. Die Knochen hatten krankhafte Veränderungen, weil diese Esel wahrscheinlich als Pack- und Arbeitstiere zu schwer tragen mussten. Daraus schlossen die Wissenschaftler, dass es sich dabei um gezähmte Esel gehandelt haben muss.

Wie Dir sicher schon aufgefallen ist, sehen Esel den Pferden oder Zebras ziemlich ähnlich. Kein Wunder, denn sie alle bilden gemeinsam die Familie der Pferde. Damit ist nicht eine Familie mit Eltern und Kindern gemeint, sondern das bedeutet: Sie alle sind miteinander verwandt, hatten also vor etwa 50 Millionen Jahren einmal denselben Vorfahren. Diese Urpferdchen sahen allerdings noch ganz anders aus als heutige Pferde. Sie waren nur so groß wie ein Dackel und glichen mit ihrem gewölbten Rücken und dem kurzen Hals eher einer Antilope. Sie bewohnten den Wald und fraßen am liebsten Blätter von Büschen. An den Vorderbeinen hatten sie noch je vier und an den Hinterbeinen je drei Zehen. Aus diesen Geschöpfen haben sich dann im Lauf der Jahrmillionen die verschiedenen Pferdearten entwickelt. Vorläufer der Arten, die es heute noch gibt, lebten vor rund vier Millionen Jahren.

Vor etwa 5 000 Jahren wurde der Afrikanische Wildesel im Nordosten Afrikas vom Menschen gezähmt und gezüchtet. Er diente und dient in manchen Regionen noch heute als starkes, zähes, genügsames und schwindelfreies Arbeits- und Reittier. Der Bau der Pyramiden zum Beispiel wäre ohne die Hilfe des Esels, der viele Lasten getragen hat, wohl nicht möglich gewesen.

Heute noch lebende Pferdearten

Zur Familie der Pferde zählen folgende Arten:

- **Das Wildpferd, von dem es nur noch eine Unterart gibt, das Przewalski-Pferd (sprich: Pschewalski-Pferd), das Du hier auf dem Foto siehst. Vom Wildpferd stammen unsere Hauspferde ab.**
- **Der Afrikanische Esel**
- **Der Asiatische Esel**
- **Der Kiang oder Tibet-Wildesel**
- **Das Grevyzebra mit seinem besonders engen Streifenmuster**
- **Das Bergzebra**
- **Das Steppenzebra, bei dem auch der Bauch gestreift ist**

links: Die meisten Esel haben eine Stehmähne

Mitte: Die langen Ohren sind innen ganz flauschig

rechts: Eine solche helle Umrandung der Augen nennt man „Brille“

Der Klassiker

Hausesel gibt es inzwischen in vielen verschiedenen Größen und Farben, aber der Klassiker unter ihnen ist immer noch das „graue Langohr“. Sein weißes Maul sieht aus, als hätte er von einer Schüssel voller Mehl genascht. Deshalb sagt man auch Mehlmaul dazu. Seine großen, dunklen Augen sind hell umrandet. Eselexperten nennen diese Augenumrandung auch „Brille“. Der Bauch ist deutlich heller als der Rest des Körpers. Die Ohren sind auffallend lang und innen flauschig. Wie auch bei Zebras steht die Mähne senkrecht in die Höhe. Der Schwanz ist dünn und hat nur am Ende eine Quaste mit langen Haaren. Damit kann der Esel prima Fliegen vertreiben. Seine harten, U-förmigen Hufe sind an das Leben in steinigen Steppen perfekt angepasst.

Das Esel- oder Schulterkreuz

Über die gesamte Wirbelsäule hat der Esel einen langen, dunklen Strich im Fell, den sogenannten Aalstrich. An den Schultern gabelt er sich rechts und links wie ein „T". Man nennt diese Zeichnung daher das Esel- oder auch Schulterkreuz.
Einer mexikanischen Legende zufolge kam der Esel auf folgende Weise an dieses Kreuz: Maria hielt während der Flucht nach Ägypten ihr Baby vor sich auf dem Esel. Das Jesuskind war noch sehr klein, und so kam es, dass es dort, wo es saß, auf einmal Pipi machte. Die Nässe lief nun in langen Bahnen rechts und links am Rücken des Esels herunter und hinterließ eine dunkle Spur. Seit damals haben alle Esel diese Streifen auf den Schultern.

Vorsichtiger Esel!

Du hast bestimmt schon einmal davon gehört, dass Esel manchmal wie angewurzelt stehen bleiben und keinen Schritt mehr weitergehen. Der Mensch kann dann ziehen, schieben und schimpfen wie er will, doch der Esel bewegt sich keinen Millimeter.

Aber wieso macht er das? Will er uns ärgern? Nein, ganz und gar nicht! Ein Esel ist besonders vorsichtig und denkt nach, bevor er handelt. Er schaut sich seine Umgebung immer sehr genau an. Wenn ihm dabei etwas seltsam vorkommt, bleibt er stehen. Dann sucht er nach einer Lösung, wie er das Hindernis, das ihm den Weg versperrt, am besten meistern kann. Soll er drüberspringen, soll er links oder rechts daran vorbeigehen, soll er abwarten, bis sich das Hindernis selber wegbewegt?

Auf diese Art und Weise geht er wohl sämtliche Möglichkeiten im Kopf durch, und das braucht halt ein wenig Zeit. Zeit, die wir Menschen aber selten haben. Ganz davon abgesehen, dass es uns auch an Geduld mangelt. Hinzu kommt unser Unverständnis, wieso zum Beispiel ein Kanaldeckel auf dem Bürgersteig überhaupt ein Hindernis für einen Esel darstellt.

Wir Menschen haben den Esel zwar gezähmt, aber er trottet uns deshalb noch lange nicht „treudoof" überall hinterher. Ein Esel folgt auch in der Natur keinem Leittier, sondern entscheidet in Gefahrensituationen immer für sich selber. Um beim Beispiel des Kanaldeckels zu bleiben: Ein solcher Deckel hebt sich rein optisch auf einem Bürgersteig schon einmal ab. Der Esel schaut auf den Boden, riecht an dem Gully, und was er da riecht, ist meistens stinkende Brühe, die weit unten im Kanal rauscht.

Die Vorsicht des Esels

Die Vorsicht eines Esels kann für uns Menschen Segen und Fluch zugleich sein. Denn einerseits wird er sich nie freiwillig in eine Situation bringen, in der er stecken bleibt. Andererseits müssen wir viel Geduld aufbringen, bis er eine Lösung gefunden hat, wenn er vor einem Problem steht. Haben wir diese Geduld nicht und üben Druck auf den Esel aus, macht er komplett „dicht" – und nichts geht mehr.

Esel sind sehr neugierig und wollen immer genau wissen, was um sie herum los ist

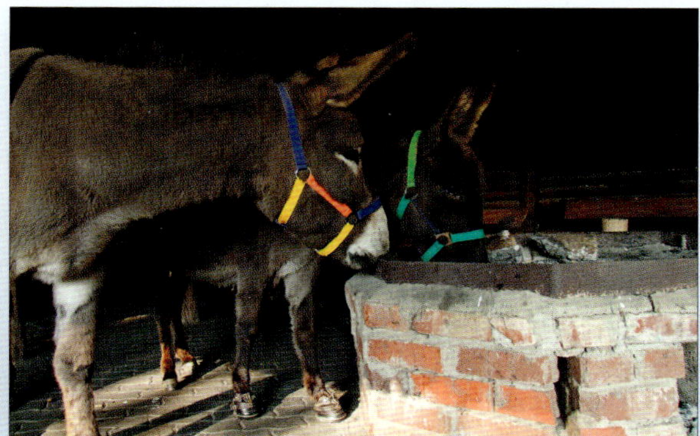

Was ihnen interessant erscheint, nehmen sie genau unter die Lupe ...

Der Boden unter diesem Deckel ist also eindeutig hohl. Der Esel fragt sich nun wahrscheinlich instinktiv: „Wird der Deckel mein Gewicht halten, oder bricht das Ding durch, wenn ich drübergehe?“

Manche Kanaldeckel gibt es auch in Gitterform, was noch mehr Anlass gibt, den Esel zum Nachdenken zu bringen: „Schaffe ich es, mit meinen schmalen Hufen darüberzugehen, ohne mich in dem Gitter zu verkanten oder darin stecken zu bleiben?“

Seine Vorsicht sagt ihm: „Wieso soll ich ein Risiko eingehen? Ich gehe lieber an dem Ding vorbei, dann kann mir auch nichts geschehen.“ Natürlich denkt der Esel nicht in solchen Worten, aber so ähnlich können wir uns vorstellen, was in seinem Kopf vorgeht.

Neben ihrer Vorsicht sind Esel aber auch ziemlich neugierig und verspielt. Diese Eigenschaften machen aus ihnen sehr lernwillige Tiere. Je mehr Erfahrung ein Esel in seinem Leben gemacht hat, umso schneller kann er bei einem Problem eine Lösung finden.

Wenn er mit der Zeit Vertrauen zu seinem Menschen aufgebaut und viele gute Erfahrungen mit ihm gesammelt hat, werden die beiden schnell ein unschlagbares Team.

Nicht nur junge Esel sind sehr verspielt

Perfekt angepasst

Ebenso wie die Mulis auf diesem Bild gehen auch Esel oft hintereinander – also in einer Karawane

Der Körper eines Tieres ist immer so gebaut, dass er ideal an die Bedingungen des jeweiligen Lebensraums angepasst ist. Auch seine Verhaltensweisen sind Anpassungen daran. Nur so kann die Art dort überleben. Schauen wir uns nun an, welche Besonderheiten und Anpassungen Esel zu bieten haben.

Beim Gehen setzen sie die Hufe voreinander auf

Immer einen Fuß vor den anderen ...

Esel haben eine schmale Brust und setzen deshalb beim Gehen die Hufe nicht nebeneinander, sondern voreinander auf. Stell Dir vor, Du würdest auf einem schmalen Balken balancieren. Genauso bewegt sich der Esel, mit dem Unterschied, dass er auf vier Hufen läuft und Du auf nur zwei Füßen. In den oft gebirgigen Geröllsteppen, aus der die Vorfahren unserer Hausesel stammen, gibt es keine breiten Wege, sondern lediglich schmale Pfade. Da ist es für den Esel hilfreich, wenn er solche Steige mit seiner besonderen Gangweise gut meistern kann.

Außerdem gehen Esel gerne hintereinander, also wie in einer Karawane. Ist ja auch klar, denn wenn die Wege sehr eng sind, kann ein Esel schlecht überholen oder neben seinem Kumpel hertrotten.

Das Fell

Wenn es regnet, perlen die Tropfen am Fell von Pferd oder Hund ab – leider ganz anders beim Esel, denn sein Fell saugt sich dann mit Wasser voll. Esel haben ein ausgesprochen weiches und flauschiges Fell. Stell es Dir wie einen Wollpullover vor. Nieselregen hält so ein Pullover noch ganz gut ab, aber wenn es richtig heftig regnet, saugt er sich voll und braucht ewig lange, bis er wieder trocken ist. Für die Vorfahren der Hausesel in den Trockengebieten war es nie wirklich wichtig, sich vor Regen zu schützen, und dementsprechend fehlt so ein Schutz nun auch bei Hauseseln.

Für die Wintermonate wächst dem Esel ein sehr dichtes Fell, das ihn bei trockener Kälte mollig warm hält. Im Frühling beginnt dann der Fellwechsel. Langsam, aber sicher gehen ihm die Winterhaare aus, und im August glänzt er im herrlich schimmernden Sommerfell. Das kurze Sommerfell ist meistens einen Tick dunkler als das Winterfell. Doch Anfang September beginnt er sich schon wieder auf die kommende, frostige Jahreszeit vorzubereiten. Das Fell wächst nun dichter und wolliger nach. Das prächtige Sommerfell kannst Du daher nur einen Monat genießen. Danach wird das Tier wieder ein knuffiger und wuscheliger Esel.

Im Winter bilden Esel ein langes und dichtes Fell

Das kurze Sommerfell ist nur kurze Zeit im Jahr zu sehen

Regen mögen Esel überhaupt nicht gerne

Esel müssen immer die Möglichkeit haben, sich unterzustellen

Viele Fohlen kommen schon mit einer Fellmütze auf die Welt, wenn sie zu einer kalten Jahreszeit das Licht der Welt erblicken

Fellwirbel

Pferde tragen zum Beispiel im Bereich der Rippen, an der Brust oder den Flanken eine Verwirbelung im Fell. Wenn das Pferd nass wird, fließen die Regentropfen vom Rücken an den Rippen herunter. Wäre kein Wirbel da, würde das Wasser weiter bis unter den Bauch laufen. Der Wirbel sorgt aber dafür, dass sich das Wasser dort verfängt und am Körper abtropft. Der Bauch des Pferdes bleibt auf diese Weise trocken.

Esel dagegen besitzen solche Wirbel kaum und sollten daher immer die Möglichkeit haben, sich bei regnerischem Wetter unterzustellen. Haben sie kein schützendes Dach über dem Kopf, werden sie komplett nass, fangen an zu frieren und unterkühlen.

Die „Fellmütze“

Esel bilden im Winter besonders langes Fell auf der Stirn. Die Haare wuchern regelrecht über die Augen, und das ist auch gut so. Denn wenn es nun windig und regnerisch wird, schützt die „Fellmütze“ den Kopf hervorragend vor der Kälte. Dieses „Vordach“ wirkt zudem wie eine Baseballkappe. Es hält zum Beispiel Regentropfen oder Schneeflocken von den Augen fern.

Fellgeruch

Du hast bestimmt schon einmal bemerkt, dass ein Hund oder ein Pferd einen besonderen Körpergeruch hat. Das ist beim Esel anders. Das Fell eines Esels ist fast gar nicht gefettet und hat für Deine Nase daher absolut keinen Eigengeruch. Er riecht immer nur danach, wo er sich in der letzten Zeit aufgehalten hat: War der Esel im Wald spazieren, duftet er nach Moos, Erde, Tannenzweigen und frischer Luft. Wenn er gerade gefressen hat, riecht er nach Heu, Stroh, Holz oder Gras, und wenn er sich versehentlich neben seiner „Toilette" gewälzt hat, muffelt er natürlich auch ein wenig nach Mist.

Esel und Allergiker

Gibt es in Deinem Bekanntenkreis jemanden, der auf bestimmte Tiere allergisch reagiert? Ihm läuft die Nase, er bekommt schlecht Luft oder seine Augen werden rot. Vor allem auf Katzen und Pferde reagieren viele Menschen empfindlich. Doch Esel sind anders. Sie sind sozusagen „antiallergisch". Das Fell eines Esels, ob Du es zum Streicheln berührst oder Deine Nase hineinsteckst, um an ihm zu schnuppern, wird in den allermeisten Fällen kein Niesen, Augenjucken oder Atemnot verursachen. Es gibt zwar Menschen, die unter einer Allergie auf Esel leiden, aber nur sehr wenige.

Eselfell hat keinen Eigengeruch

Wälzen

Esel sind sehr reinliche Tiere und waschen sich regelmäßig. Aber wie sie sich waschen, ist für uns Menschen etwas befremdlich. Sie nehmen dafür nämlich kein Wasser, sondern wälzen sich auf dem Boden. Und das tun sie mehrmals am Tag. Zugegeben, ihre Vorstellung von Sauberkeit deckt sich nicht immer mit meiner. Denn wenn ich einen Esel streichle oder ihn sanft klopfe, dann kommt immer eine kleine Staubwolke aus dem Fell.

Das liegt daran, dass der Esel sich nach dem Wälzen nicht wie ein Hund oder Pferd schüttelt. Wenn überhaupt, schüttelt er nur seinen Kopf, um Sand aus den Ohren und Augen zu schleudern, aber den restlichen Sand behält er im Fell.

Aber was hat das mit Waschen und Sauberkeit zu tun? Sand und Staub sorgen dafür, dass das Fell nicht verfettet und dass sich keine blutsaugenden Parasiten darin festsetzen können.

Esel stauben immer

Man sagt: „Ein Esel, der nicht staubt, ist nicht gesund.“ Du kannst einen Esel bürsten, solange Du willst, er wird am Ende immer noch Staubwolken von sich geben, wenn Du ihn klopfst.

Esel waschen sich, indem sie sich auf dem Boden wälzen

Die Augen sitzen nicht vorne, sondern seitlich

Die Augen

Esel sind Fluchttiere, wie zum Beispiel auch Ziegen, Kühe und Schafe. Im Gegensatz zu uns Menschen sitzen ihre Augen seitlich am Kopf. Dadurch können sie damit fast rundherum sehen und auch ein Raubtier wahrnehmen, das sich von schräg hinten anschleicht.

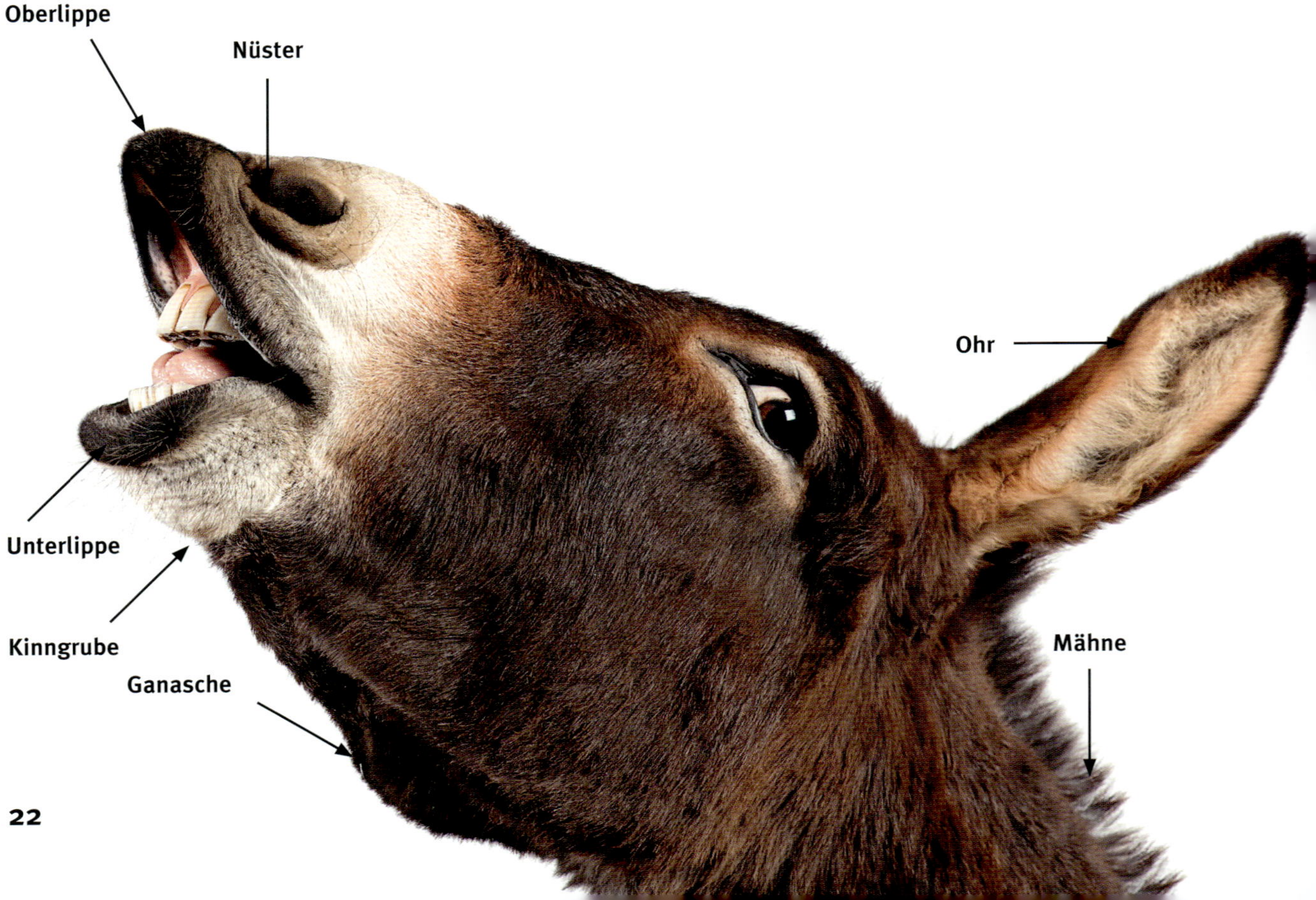

Oberlippe
Nüster
Ohr
Unterlippe
Kinngrube
Ganasche
Mähne

Es gibt aber zwei Bereiche, in denen auch ein Esel überhaupt nichts sehen kann. Man nennt diese Bereiche „tote Winkel“. Sie befinden sich dicht vor dem Maul und genau hinter dem Tier. Halte Dir mal die Faust zwischen die Augen, den Daumen dabei zwischen Stirn und Nase, und schau geradeaus. Jetzt bekommst Du eine Vorstellung, wo der vordere tote Winkel des Esels liegt.

Wenn Du auf einen Esel zugehst, um ihn zu streicheln, solltest Du das daher nie direkt von vorne tun. Besser kommst Du von der Seite. Dann kann er Dich gut sehen und ist auf Deine Berührung vorbereitet, da er Deine Hand kommen sieht.

Ebenso solltest Du nie direkt von hinten an ihn herantreten, und schon gar nicht ganz leise. Der Esel könnte sonst erschrecken und nach Dir treten.

Schau Dir mal die Abbildung der einzelnen Körperpartien genau an und vergleiche sie mit Deinen. Hättest Du beispielsweise gedacht, dass beim Esel das Knie so weit oben sitzt?

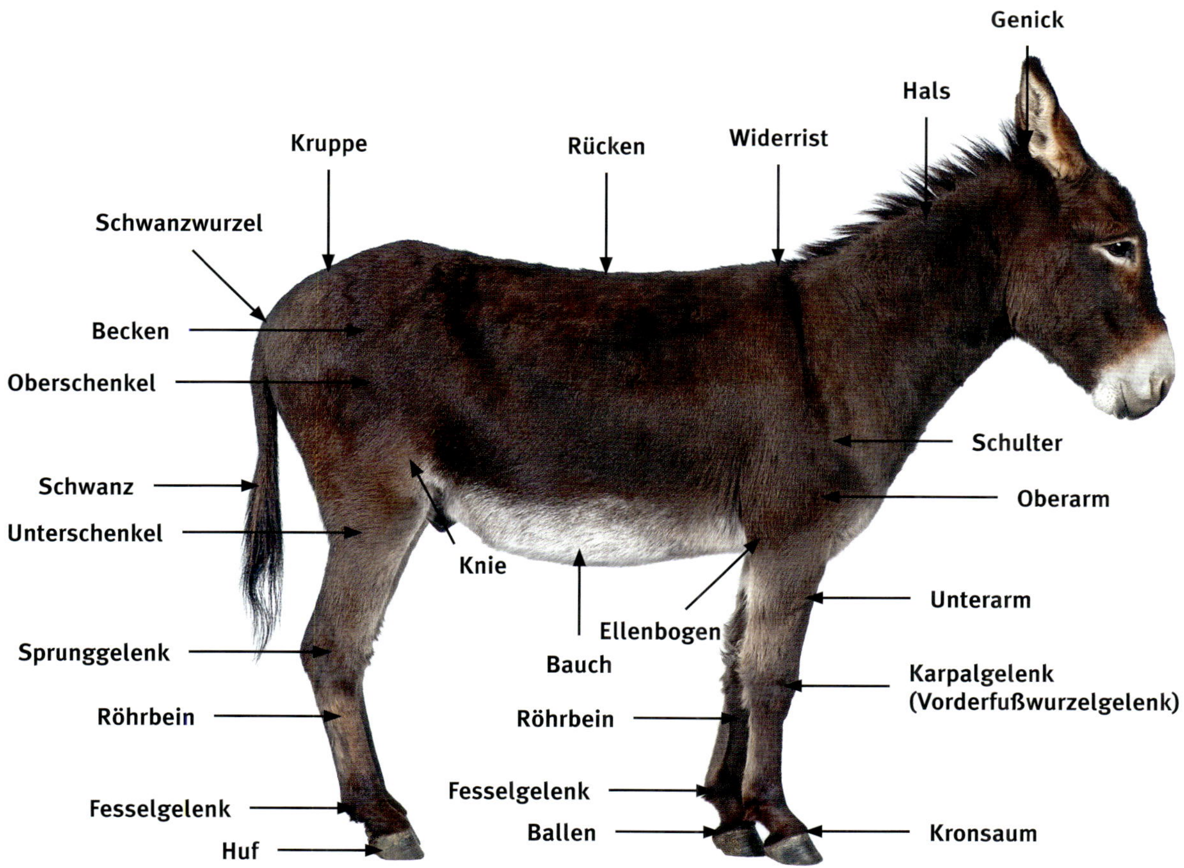

Die Hufe

Esel sind Zehenspitzengänger. Sie laufen also nicht wie Du auf dem gesamten Fuß, sondern eher wie eine Balletttänzerin nur auf den Spitzen der mittleren Zehen, der Hufe. Das Urpferdchen hatte ja noch einzelne Zehen, und die mittlere davon hat sich im Lauf der Entwicklung zum Huf verändert. Die anderen Zehen sind verkümmert.

Der Strahl als Stoßdämpfer

Der Huf besteht zum Großteil aus hartem Hornmaterial. Wenn Du Dir den Huf aber mal von unten anschaust, siehst Du in der Mitte ein Dreieck, das sich anders anfühlt. Dieses „V" nennt man den Strahl. Der Strahl ist relativ weich und sehr gut durchblutet. Seine Funktion ist es, den Schritt des Esels beim Auftreten auf festen Boden zu dämpfen. Also fast wie bei einem Turnschuh, der Deinen Fuß mit der elastischen Sohle weich polstert. Hätte der Esel diesen Stoßdämpfer nicht, würde jeder Schritt ungefedert auf die Gelenke schlagen. Auf Dauer bekäme er dann Gelenkschmerzen. Die Natur hat sich mit dem Strahl also wirklich etwas ganz Tolles einfallen lassen.

Esel müssen auf hartem Boden täglich weite Strecken zurücklegen, um ausreichend Futter zu finden. Ihre Hufe leisten dabei hervorragende Dienste.

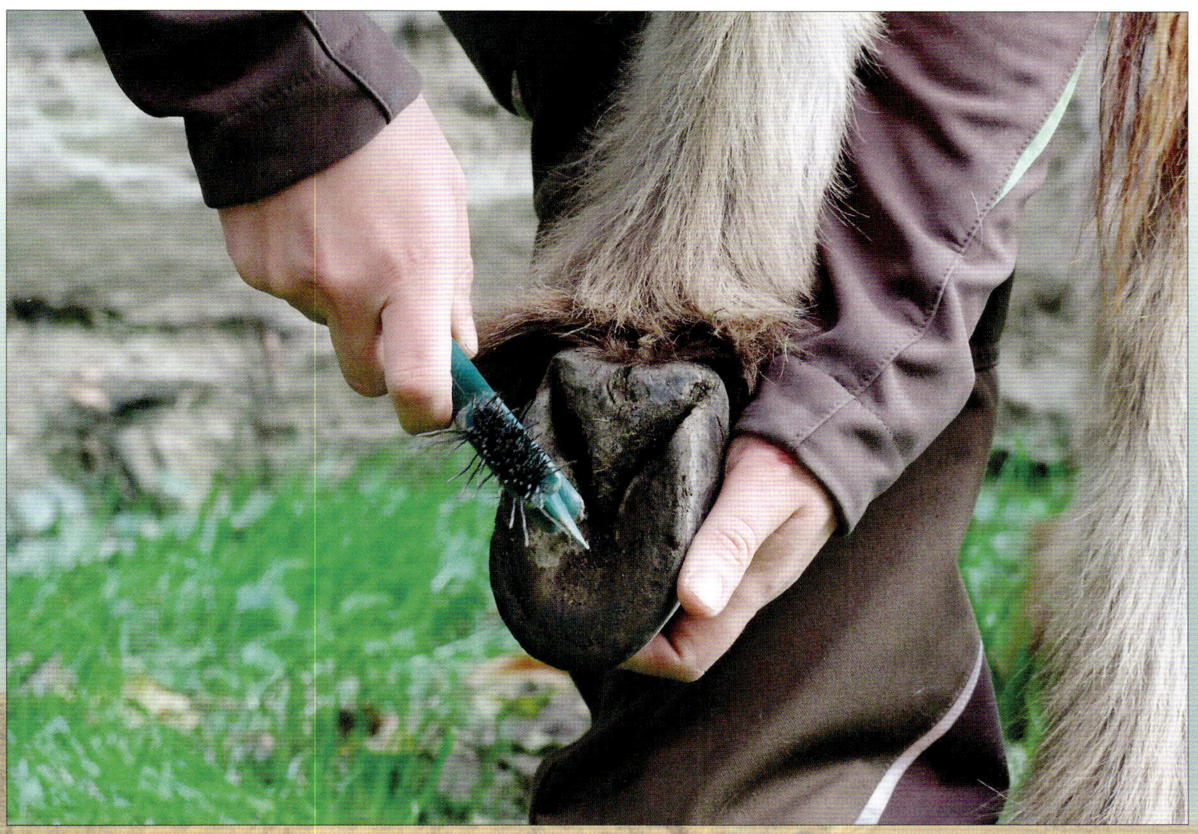

Die Hufe sollten täglich kontrolliert und ausgekratzt werden

Hufpflege

Die Eselhufe sind an ein heißes Klima mit steinhartem Boden angepasst. Bei uns in Europa und speziell in Deutschland ist es aber viel kühler und auch nasser. Vor allem im Herbst, Winter und Frühling ist der Boden für die Eselhufe zu feucht. Stell Dir vor, Du sitzt lange in der Badewanne. Deine Haut wird an den Fingern ganz weich und schrumpelig. Es ist aber nicht nur Deine Haut, die so weich geworden ist, sondern auch Deine Fingernägel, die ja wie die Eselhufe aus Horn bestehen.

Genauso ergeht es also den Eselhufen, wenn sie ständig in Feuchtigkeit stehen müssen. Sie werden dann weich und viel anfälliger für Krankheiten. Steinchen können in das nun schwammige Hornmaterial schneller eindringen und Schmerzen verursachen. Deshalb ist es wichtig, die Hufe der Esel täglich zu kontrollieren und sauber zu halten.

Wie Deine Finger- und Zehennägel wachsen auch Hufe ständig. In der Regel wachsen sie bei Eseln einen Zentimeter im Monat. Im Sommer geht das etwas schneller, im Winter dafür etwas langsamer. Wenn der Esel auf weichem Boden lebt, nutzt sich das Hufhorn nicht so stark ab, als wenn er immer auf hartem Untergrund stehen und gehen würde.

Vorsorge ist wichtig!

Es ist viel besser, die Hufe täglich zu pflegen, als den Tierarzt holen zu müssen, wenn der Esel bereits vor Schmerzen humpelt.

Wenn sie zu lang werden, verformen sich Eselhufe wie orientalische Pantoffeln

In der Natur läuft ein Esel am Tag weite Strecken, um ausreichend Futter zu finden. Doch unsere Hausesel leben auf einem kleineren Bereich, werden von uns gefüttert und müssen keine langen Wege mehr zurücklegen. Der Abrieb der Hufe auf dem weichen Boden ist daher viel zu gering. Damit die Hufe dennoch in Form bleiben, kommt alle vier bis sechs Wochen der Hufpfleger oder Huftechniker und kürzt die Hufe mit einer Raspel wieder auf die richtige Länge.

Wenn man das nicht macht, verformen sich die Hufe zu sogenannten Schnabelhufen. Die sehen dann aus wie orientalische Pantoffeln. Die hast Du bestimmt schon einmal im Märchen „Aladin und die Wunderlampe" gesehen. Haben sich die Hufe bereits wie eine Mondsichel verbogen, kann der Esel nicht mehr richtig gehen und bekommt große Schmerzen in den Beinen.

Der Hufpfleger bringt alle vier bis sechs Wochen die Hufe wieder in Form

Ein Hufschmied fertigt Hufeisen für den Esel an

Hufschutz

Hufschuhe sind eine gute Lösung, um den Huf vor zu starkem Abrieb zu schützen

Aber es kann auch das Gegenteil eintreten. Manchmal ist ein Esel bei Wandertouren viel auf Schotterwegen unterwegs oder wird vor eine Kutsche gespannt und läuft über asphaltierte Straßen. Dann nutzt sich das Hufhorn schneller ab, als gesundes Horn nachwachsen kann. Die Hufe werden zu kurz, und der Esel geht „fühlig". Das bedeutet: Er fühlt jetzt jede kleine Unebenheit auf dem Boden und jedes Steinchen unter seinen Hufen. Das ist für ihn sehr unangenehm.

Vielleicht hast Du Dir schon einmal einen Fingernagel etwas zu kurz abgeschnitten oder er ist so weit eingerissen, dass es ein wenig geblutet hat. Diese Fingerspitze war dann zwei oder drei Tage empfindlich, und jede Berührung tat weh. Genauso ist es beim Esel, wenn er „fühlig" geht.

Damit es erst gar nicht so weit kommt, kann man die Hufe „besohlen" lassen: Ein Hufschmied nagelt Hufeisen unter die Hufe. Das sieht schlimm aus, aber es tut dem Esel überhaupt nicht weh! Die Nägel werden nämlich nicht an Stellen platziert, wo empfindliche Nerven im Horn verlaufen. Damit dabei kein Fehler passiert, hat der Hufschmied seinen Beruf über mehrere Jahre gründlich gelernt.

Eine andere Möglichkeit ist es, dem Esel Schuhe anzuziehen. Die sogenannten Hufschuhe sind eine tolle Lösung. Du streifst sie dem Esel zum Beispiel vor einer Wanderung über. Wenn Ihr wieder zu Hause seid, kannst Du Deine Schuhe ausziehen und dem Esel seine Schuhe. Dann läuft er wieder „barhuf" – ganz so, wie die Natur es vorgesehen hat.

Oder man nimmt die Hufschuhe bei einer Wanderung im Gepäck mit, und wenn der Esel unterwegs auf einmal „fühlig" geht, hat man den Hufschutz sofort bereit.

Esel leiden still

Esel zeigen erst sehr spät an, wenn sie irgendwo Schmerzen haben. Sie jammern selten herum, sondern sind ganz tapfer und leiden still vor sich hin. Deshalb ist es wichtig, dass man seinen Esel sehr gut kennt. Denn dann kann man an seinem Verhalten sehr schnell merken, wenn es ihm nicht gut geht. Ein fähiger Tierarzt hilft nun rasch.

„Alter Esel"!

Esel haben eine hohe Lebenserwartung. Sie können 35 Jahre alt und manchmal sogar noch älter werden. Wer so alt wird, darf sich auch beim Erwachsenwerden Zeit lassen. Esel sind deshalb erst im Alter von sechs Jahren körperlich komplett ausgewachsen. Geistig entwickeln sie sich aber noch ein wenig weiter. Erst wenn der Esel acht bis zehn Jahre alt ist, hast Du einen richtig erwachsenen Esel.

Pubertierende Esel

Der Esel kommt auch in die Pubertät, also in eine Phase, in der er langsam erwachsen wird. Diese Zeit beginnt im Alter von zweieinhalb bis drei Jahren. Dann beginnt der junge Esel seine Zähne zu wechseln, denn er hat genauso wie Du anfangs Milchzähne, die nun nach und nach ausfallen. Zuerst die oberen und unteren mittleren zwei Schneidezähne, also vier Zähne fast auf einmal. Danach hat der Esel ein Jahr Ruhe. Erst dann lockern sich die nächsten Milchzähne.

Wie das mit dem Erwachsenwerden so ist, hört der junge Esel während der Pubertät nicht mehr gerne auf seine Mutter – oder auch auf seine Menschen. Er testet viele Regeln aus, die er bis dahin schon erlernt und befolgt hatte. Das kann ziemlich nervig sein, sowohl für die Menschen als auch für die anderen Tiere, die mit ihm leben. Er stellt viele Dinge in Frage, über die er sich vorher noch nie wirklich „Gedanken gemacht" hat.

Im Alter von sechs Jahren hat er dann sein komplettes Gebiss gewechselt. Langsam, aber sicher wird der Esel wieder umgänglicher.

Dieser Esel fordert das Pferd zum Spiel auf

Esel passen sich ihrer Umgebung an. Sie senken zum Beispiel die Körpertemperatur, wenn es sehr kalt wird.

Ruhepuls und Körpertemperatur

Esel sind keine hektischen Tiere. Ihr Ruhepuls liegt nämlich nur bei 30 bis 40 Schlägen pro Minute. Erwachsene Menschen haben im Vergleich dazu einen Ruhepuls von 60 bis 80 Schlägen pro Minute, Deiner wird etwa zwischen 85 und 100 Schläge betragen.

Auch die Körpertemperatur ist anders als bei uns Menschen. Während Du mit 38 Grad Celsius bereits Fieber hast und das Bett hüten musst, ist so eine Temperatur für einen Esel im Hochsommer vollkommen normal. Esel passen ihre Körpertemperatur nämlich dem Wetter etwas an. Ist es im Winter bitterkalt, senken sie ihre Körpertemperatur bis auf 36 Grad Celsius. Wenn dagegen im August glühende Hitze herrscht, können Esel auch schon mal 38,5 Grad Celsius haben. Auf diese Weise verbrauchen sie weniger Energie dabei, sich aufzuwärmen beziehungsweise abzukühlen.

Tierärzte

Manche Tierärzte haben leider wenig Ahnung von Eseln. Sie lernen in ihrem Studium zwar etwas über Pferde und Ponys, aber über die Besonderheiten der Zebras, Maultiere und Esel wird ihnen nichts beigebracht.

Zum Glück gibt es aber Tierärzte, die sich selber über Esel weitergebildet haben und ihr Wissen Kolleginnen und Kollegen gerne zur Verfügung stellen.

Dieser Esel stützt im Schlaf den Kopf nur mit dem Kinn ab

Wie schläft der Esel?

Ein Esel hat verschiedene Möglichkeiten, sich auszuruhen. Zu einem schläft er im Liegen und legt dabei Hals und Kopf seitlich auf den Boden. In dieser Position schlummert er tief und fest. Er kann aber auch im Liegen schlafen, ohne dabei Kopf und Hals auf den Boden zu legen – nur mit dem Kinn stützt er dann den schweren Kopf ab.

Und zuletzt kann ein Esel sogar im Stehen dösen. Er vermag nämlich die Vorderbeine „einzurasten", sodass er ohne Muskelanspannung stehen bleibt. Nun entlastet er ein Hinterbein und stellt dessen Hinterhuf auf die Spitze. So braucht der Esel nur noch für das andere Hinterbein Muskelanspannung. Deshalb verlagert er auch immer wieder mal das Gewicht vom einen Hinterbein auf das andere.

Schlaf

Esel kommen mit sehr wenigen Stunden Schlaf aus. In der Regel schlafen sie nicht mehr als vier bis fünf Stunden pro Nacht, also nur etwa halb so viel wie Du! Tagsüber dösen sie vielleicht auch mal, wenn sie ein Sonnenbad nehmen.

Esel können selbst im Stehen vor sich hindösen

Oft ruhen Esel im Liegen aus, schlafen dabei aber nicht wirklich tief und fest

Im Liegen lässt es sich besonders tief und fest schlafen

Immer fluchtbereit

Dass der Esel im Stehen dösen kann, ist wichtig: In freier Wildbahn muss er immer schnellstmöglich bereit sein, vor Raubtieren zu fliehen. Und wenn er ohnehin schon steht, kann er viel schneller die Flucht ergreifen, als wenn er liegt und erst mühsam aufstehen muss.

Esel sind am Tag 16 Stunden damit beschäftigt, Futter zu suchen und zu fressen

Die Grundnahrung sollte aus Heu und Stroh bestehen

Vegetarier

Esel sind reine Pflanzenfresser. In der Natur verbringen sie etwa 16 Stunden am Tag damit umherzuziehen, Futter zu suchen und zu fressen. Da Esel aus heißen Gegenden stammen, wo es keine saftigen Wiesen gibt, ist frisches Gras nicht ihre natürliche Nahrung. Für sie ist unser heimischer Rasen zwar unheimlich lecker, aber auch eine mächtige Kalorienbombe. Wenn Du Dich nur von Chips, Bonbons und Schokolade ernähren dürftest, würde Dir das bestimmt eine Zeitlang gefallen, wäre für Dich auf Dauer aber sehr ungesund. Du würdest dick und dicker und sehr bald schwer krank. Dem Esel ergeht es mit Gras nicht anders. Er darf es hier und da gerne naschen, aber das normale Eselfutter, von dem er satt wird, sollte für ihn Heu und Stroh sein.

Heu ist Gras, das der Bauer im Sommer mäht und von der Sonne trocknen lässt. Stroh sind die Stängel, die übrig bleiben, nachdem das Getreide abgeerntet wurde. Heu und Stroh nennt man Raufutter. Es ist kalorienärmer als frisches, grünes Gras. Genau solches Raufutter braucht der Esel als Grundnahrung, um gesund leben zu können. Esel eignen sich also als Rasenmäher gar nicht gut.

Esel brauchen Holz und Äste. Sie finden unter der Rinde wichtige Vitamine.

Wenn Brennnesseln welk werden, dann brennen sie auch nicht mehr und werden gerne gefuttert

Am besten rupft man die Brennnessel mit Handschuhen ab

Holz

Außerdem braucht der Esel rohe Fasern, die er knabbern kann. Baumrinde und Äste sind wie geschaffen für ihn. Vor allem unter der Rinde findet er wichtige Mineralstoffe und Vitamine, die er für seine Gesundheit benötigt.

Besonders bekömmlich sind für Esel Äste von Esche, Weide, Hainbuche und Haselnusssträuchern. Aber sie mögen auch Birke, Pappel, Ulme und Zweige von Obstbäumen.

Zu dick!

Die meisten Esel, die in unseren Breitengraden leben, sind zu dick – und werden deshalb krank und leider nicht besonders alt. Esel bilden bei zu reichlicher Fütterung Fettpolster, vor allem am Mähnenkamm und auf den Rippen. Du siehst dann richtig wulstige Hubbel und kannst die Rippen nicht mehr mit den Fingern ertasten. Wenn das Fett am Hals immer weiter anschwillt, kippt diese „Fettwurst" um, das nennt man dann einen Kipphals. Deshalb darf der Esel nicht dauerhaft mit zu nahrhaftem Futter „gemästet" werden, sondern er sollte vor allem Heu und Stroh bekommen.

Brennnesseln

Auch die Brennnessel steht auf dem Speiseplan des Esels. Du bist bestimmt schon einmal mit Brennnesseln in Berührung gekommen. Das tat weh, und auf Deiner Haut haben sich vielleicht kleine, juckende Quaddeln gebildet.

Wenn Brennnesseln im Frühjahr noch jung und klein sind, wären sie zwar besonders köstlich, aber sie brennen dem Esel zu sehr am Maul und auf der Zunge. Doch wenn der Mensch die Brennnesseln mit schützenden Handschuhen abrupft und in der Sonne antrocknen lässt, werden sie welk. Die brennende Flüssigkeit, die so schmerzhaft ist, verdunstet dann zum größten Teil. Jetzt kann der Esel diese gesunde Köstlichkeit fressen, ohne sich dabei zu verletzen.

Disteln

Der Esel kann sogar Pflanzen fressen, die voller Dornen und Stacheln sind, ohne sich dabei zu stechen. Disteln sind seine absolute Leibspeise. Er beißt die Distel ganz vorsichtig unten am Stiel ab und schiebt sie sich dann kauend langsam, aber sicher immer weiter ins Maul hinein. Es gibt sogar eine Distelart, die deshalb „Eselsdistel" heißt.

Eibenzweige und die Kerne der Früchte sind für Mensch und Esel gleichermaßen hochgiftig!

Vorsicht, giftig!

Es gibt allerdings auch Pflanzen, die der Esel nicht fressen darf. Vielleicht hast Du einmal einen Nadelbaum gesehen, der anstelle von Tannenzapfen rote Beeren trug. Das ist die Eibe. Zur Weihnachtszeit werden aus Eibenzweigen oft Adventskränze hergestellt. Die rote Beere hat einen klitzekleinen Kern, der ebenso wie die Nadeln und die Rinde sehr, sehr giftig ist. Wir Menschen könnten den Kern entfernen, bevor wir die Beere essen, aber Esel können das natürlich nicht. Außerdem würden sie nicht nur die Beeren fressen wollen, sondern auch die Nadeln und die Rinde. Dies alles ist derart giftig, dass ein Esel, wenn er von einer Eibe auch nur ein einziges Mal genascht hat, nach wenigen Stunden stirbt. Darum ist es für ihn lebenswichtig, dass wir ihm keinen Zugang zu Eiben gestatten.

Brombeersträucher

Es wird Dich bestimmt nicht mehr wundern, dass Esel sogar Brombeersträucher im Nu verputzen können. Dabei legen sie auf die süßen Brombeeren selber wenig Wert. Sie haben es vielmehr auf die dornigen Äste und grünen Blätter abgesehen, die ihnen besonders gut schmecken.

Möhren und Äpfel

Wenn Du einen Esel verwöhnen möchtest, kannst Du ihm auch einmal eine Möhre anbieten. Diese wird er mit Sicherheit gerne annehmen und sie schadet ihm auch nicht.

Mit Äpfeln solltest Du allerdings vorsichtiger umgehen, denn davon kann er schnell Durchfall bekommen!

Mmmmh, lecker! Eine Karotte ab und zu darf es schon mal sein.

Die Sinne der Esel

Um sich zurechtzufinden, braucht ein Esel natürlich verschiedene Sinne, genau wie Du. Sie sind aber teils ganz anders ausgeprägt als bei uns, und manche Sinneswahrnehmungen hat der Esel uns sogar voraus!

Wenn Esel flehmen, dann können sie einen Duft nicht nur riechen, sondern sogar schmecken

Beim Flehmen saugt der Esel einen Duft zum sogenannten Jacobson'schen Organ im Gaumen

Interessante Gerüche

Esel können einen Geruch nicht nur mit der Nase riechen, sondern auch im Maul wahrnehmen. Der Esel zieht dazu die Oberlippe nach oben und saugt den Duft durch die Zähne ins Maul hinein. Man nennt das: Der Esel flehmt. Über ein besonderes Organ am Gaumen kann er jetzt den interessanten Geruch genauestens analysieren.

Hier ein kleines Beispiel: Eine Eselstute pinkelt auf den Boden und hinterlässt eine gelbe Pfütze. Ein anderer Esel kommt und riecht intensiv an dem Urin. Er kann dadurch herausfinden, ob die Stute zum Beispiel trächtig oder krank ist.

Durch Flehmen erfährt ein Esel also ganz viele Informationen aus einem Geruch.

Wenn Du einen Esel liebkosen möchtest, dann klopfe ihn nicht, sondern streichle oder kraule ihn

Berührungen am Fell

Ein Esel ist sehr sensibel und spürt bereits, wenn sich nur eine kleine Fliege auf seinem Fell niederlässt. Um das Insekt zu vertreiben, kann er genau an dieser Stelle zucken. Dann bewegt sich dort das Fell, und die Fliege macht die Fliege ...

Wenn Du einen Esel also nur ganz leicht mit den Fingerspitzen berührst, denkt er wahrscheinlich, dass ihn eine Mücke stechen will, und wird mit dem Fell zucken. Streichle einen Esel daher lieber etwas beherzter als zu zaghaft. Aber bitte nicht klopfen, denn das mag er erst recht nicht.

Sehen

Esel brauchen länger als Du, um sich an neue Lichtverhältnisse anzupassen. Wenn Du einen Esel von hellem Tageslicht in den dunklen Stall führst, zögert er deshalb kurz vor der Tür, weil seine Augen sich erst an diese Dunkelheit gewöhnen müssen.

Und obwohl Esel einen fast kompletten Rundumblick haben und weit schauen können, ist das Bild, das sie sehen, nicht so gestochen scharf wie bei Dir. Wenn ein Esel in der Ferne etwas sieht, was sich bewegt, weiß er zuerst einmal nicht, ob es sich dabei um ein Raubtier handelt oder vielleicht nur um eine Plastiktüte, die der Wind heranweht. Dann zieht er andere Sinne hinzu, etwa den Geruchssinn und das Gehör. Damit kann er das Objekt besser abschätzen. Denn eine Plastiktüte klingt und riecht natürlich ganz anders als ein Hund, ein Wolf oder ein Löwe.

Trotzdem kann es immer wieder mal vorkommen, dass der Esel vor irgendetwas kurz erschrickt und dabei einen Sprung zur Seite macht, bis er verstanden hat, worum genau es sich handelt. Pferde würden unter diesen Umständen manchmal richtig flüchten, doch Esel sind „eingeschränkte Fluchttiere“. Ihre Reaktion beschränkt sich meistens auf einen Hüpfer.

Langohr

Seine langen Ohren kann der Esel unabhängig voneinander bewegen. Er vermag also gleichzeitig ein Ohr nach vorne und das andere nach hinten zu drehen. Auf diese Weise prüft er Geräusche aus verschiedenen Richtungen, denn seine Vorfahren mussten vor Raubtieren immer auf der Hut sein. Das Gehör des Esels ist viel besser als unseres. Deshalb hört er manchmal Geräusche, die wir gar nicht wahrnehmen.

Wenn Esel in einer Reihe hintereinander spazieren gehen, dann hat derjenige, der die Gruppe anführt, die Ohren nach vorne gespitzt. Der Esel dagegen, der das Schlusslicht bildet, hat die Ohren normalerweise nach hinten gerichtet. So sichern die Esel die Karawane gut ab.

Esel können die Ohren unabhängig voneinander drehen

Geschickte Lippen

Die Lippen eines Esels sind erstaunlich beweglich und tasten Futter erst einmal ab, bevor sie es ins Maul nehmen. Er kann dadurch mühelos herausfinden, um welche Pflanzen es sich handelt, und erkennt dabei schon, was davon ihm schmecken wird und was nicht.

Befreundete Esel pflegen sich gegenseitig, indem sie einander das Fell mit den Zähnen kraulen

Die Sprache der Esel

Natürlich haben Esel keine Sprache wie wir Menschen, aber auch sie können sich durchaus untereinander sehr gut verständigen. Und Dir zeigen sie ebenfalls deutlich, was ihnen behagt und was nicht. Wie sie das anstellen, erfährst Du in diesem Kapitel.

Gegenseitige Fellpflege

Wenn Esel untereinander gut befreundet sind, dann betreiben sie gegenseitige Fellpflege. Das hast Du vermutlich schon einmal bei Affen gesehen, die sich „lausen". Esel pflegen einander sehr ähnlich. Sie kratzen sich mit den Zähnen gegenseitig den Hals oder die Schulter. Am liebsten an den Stellen, wo es gerade am meisten juckt. Das ist aber nicht nur Pflege, sondern dient auch dem Zusammenhalt der Tiere.

Dieses Fellkraulen kannst Du nachmachen. Du formst Deine Hand zu einer Kralle und kraulst dem Esel kräftig seinen Pelz. Das findet er viel besser als mit der flachen Hand von Dir geklopft zu werden.

Zuckende Lippen

Wenn Du einen Esel mal ausgiebig verwöhnen möchtest, dann kraulst Du seine Schulter, seine Brust, seinen Hals oder seinen Rücken neben der Wirbelsäule. Vielleicht hat er auch irgendwo eine kleine Verspannung, und die Massage tut ihm nun richtig, richtig gut.

Bist Du an einer Stelle, die ihm besonders behagt, wird er mit den Lippen hin und her zucken. Das ist ein sicheres Zeichen für sein Wohlbefinden. Wäre er eine Katze, würde er jetzt laut schnurren. Das Lippenzucken zeigt Dir also sehr genau an, wo der Esel am liebsten von Dir massiert wird.

Körpersprache ist sehr wichtig für Esel

Zu einer schönen Massage sagt kein Esel „nein“

Der Esel ist dabei vollkommen entspannt und lässt die Unterlippe ganz locker hängen

Ohrenkraulen

Noch extremer wird es, sobald Du seine langen Ohren kraulst. Wenn Du keinen Ekel vor ein wenig schwarzem Ohrendreck hast, dann geh mit den Fingern einmal vorsichtig ins Ohr hinein und streichle die Ohrmuschel von innen. Der Esel wird den Kopf nach unten senken, die Augen verdrehen und die Unterlippe locker hängen lassen, bis Du seine unteren Schneidezähne sehen kannst. Dieses Verhalten sieht etwas lustig aus, zeigt Dir aber sehr deutlich, dass der Esel absolut entspannt ist und diese Streicheleinheit von Dir in vollen Zügen genießt.

Bist Du mit Deinem Verwöhnprogramm fertig, wird der Esel sehr wahrscheinlich seinen Kopf schütteln und dabei mit den Ohren schlackern, um da drin wieder alles an Ort und Stelle zu bringen.

Schwanzschlagen

Wedelt ein Esel mit dem Schwanz, dann bedeutet das nicht wie bei einem Hund, dass er sich freut oder Kontakt mit Dir aufnehmen möchte. Nein, ganz im Gegenteil. Das Schwanzschlagen zeigt vielmehr, dass er genervt ist. Was genau die Ursache sein könnte, muss man versuchen, herauszufinden. Das könnten natürlich im Sommer herumsummende Insekten sein, die er schwanzschlagend vertreiben möchte. Es kann aber auch ein anderer Esel sein, der sich von hinten annähert. Vielleicht möchte er jetzt lieber seine Ruhe haben. Dann peitscht er mit dem Schwanz und legt dabei auch seine Ohren nach hinten an. Der andere Esel bekommt den Schwanz um die Ohren gehauen, findet das blöd und verschwindet wieder.

Das Gähnen bedeutet nicht zwangsläufig, dass der Esel müde ist. Er kann sich auch gelangweilt oder im Gegenteil gestresst fühlen.

Gähnen

Hast Du schon einmal gesehen, wie ein Esel gähnt? Das sieht urkomisch aus und wirkt, als würde er sich über einen gelungenen Witz kaputtlachen. Er zieht dabei die Oberlippe hoch, öffnet sein Maul und schließt die Augen.

Dahinter stecken allerdings nicht unbedingt Müdigkeit oder Langeweile wie bei uns Menschen. Esel gähnen auch, wenn sie Stress haben oder ihnen etwas nicht in den Kram passt.

Iahen

Die Stimme des Esels ist wirklich etwas ganz Außergewöhnliches. Sein „Iah" kann so laut werden, dass es über mehrere Kilometer zu hören ist! Damit das „Iah" richtig in Gang kommt, braucht der Esel eine Menge Energie. Er holt mehrmals tief Luft, und wenn dann endlich der Ruf ertönt, schallt das „Iah" beim Ein- und Ausatmen.

Aber nicht immer grölt er ein komplettes „Iah". Manchmal ist es nur ein sehr lang gezogenes „Iiiiii". Es klingt dann wie ein Quietschen, während sich das gewöhnliche „Iah" eher wie eine tiefe Schiffshupe oder ein Nebelhorn anhört.

Esel, die zufrieden mit sich und der Welt sind, hört man selten rufen. Eigentlich nur dann, wenn sie ihren Menschen begrüßen, wenn das Futter verteilt wird und sie sich darüber freuen oder wenn sie miteinander Nachlaufen spielen.

Unglückliche Esel melden sich jedoch häufiger. Einsame Esel rufen in regelmäßigen Abständen, in der Hoffnung, von einem Artgenossen in der Gegend eine Antwort zu erhalten. Hungrige oder durstige Esel rufen, damit der Mensch sich um sie kümmert. Gelangweilte Esel rufen, weil sie etwas unternehmen möchten oder spazieren gehen wollen.

Es gibt also etliche Gründe, warum sich ein Esel lautstark bemerkbar macht.

Das Iah ist sehr laut und über mehrere Kilometer zu hören

Instinktiv!

Instinkte sind angeborene Verhaltensweisen, die ein Esel nicht erst mühsam erlernen muss, sondern die ganz automatisch da sind. Im Lauf seines Lebens kann der Esel verschiedene Instinkte noch perfektionieren.

Giftpflanzen

Esel erkennen instinktiv einige, aber leider nicht alle unsere Giftpflanzen. Das liegt daran, dass viele dieser Pflanzen in den Geröllwüsten, aus denen ihre Vorfahren stammen, gar nicht wachsen. Die wenigen Jahrhunderte, die Esel hier bei uns in Europa leben, sind nur ein ganz kleiner Teil in ihrer Gesamtentwicklung, die über Jahrmillionen andauerte. Und in dieser Zeit konnten sie sich nun mal an unsere heimischen Giftpflanzen nicht anpassen. Deshalb ist es wichtig, sich mit den giftigsten Pflanzen auszukennen und diese dem Esel niemals anzubieten.

Eingebautes Navi

Esel haben einen ausgezeichneten Orientierungssinn. Wenn man mit einem Esel spazieren geht und sich der Weg plötzlich teilt, bleibt er kurz stehen und schaut sich die beiden Möglichkeiten an, die diese Abzweigung bietet. Dann geht er weiter, und nach wenigen Metern bleibt er noch einmal stehen, schaut sich um und prägt sich den Weg nun auch aus dieser Sicht ein. Er merkt sich die Strecke also von allen Seiten und speichert sie gut im Kopf ab. Esel haben demnach gewissermaßen ein eingebautes Navigationssystem.

Jede Giftpflanze wirkt anders. Manche Pflanzen sind so giftig, dass ein einmaliges Probieren den Esel noch am selben Tag töten könnte. Andere Gifte wirken erst nach einer Woche, wieder andere reichern sich im Lauf von Monaten im Körper an, und es wird ein schleichender Tod, den der Esel erleidet.

Hier deshalb eine kleine Liste der bekanntesten Giftpflanzen:
Ahorn, Buchsbaum, Christrose, Eibe, Engelstrompete, Farn, Fingerhut, Ginster, Goldregen, Herbstzeitlose, Jakobskreuzkraut, Kirschlorbeer, Liguster, Maiglöckchen, Oleander, Rhododendron, Robinie, Sadebaum, Tabak, Thuja, Tollkirsche.

Esel überlegen sich gut, ob sie auf der Flucht nicht stolpern könnten

Schäferesel

Esel sind Wölfen und anderen Raubtieren gegenüber instinktiv grundsätzlich aggressiv eingestellt. Dieses Verhalten ist tief in ihnen verankert. Das haben auch die Menschen erkannt und setzen Esel in südlichen Ländern oft als Schäferesel ein. Du kennst bestimmt Schäferhunde, die so ausgebildet werden, dass sie eine Schafherde immer hübsch zusammenhalten. Schäferesel arbeiten ein wenig anders. Sie leben in der Herde mit den Schafen zusammen, und wenn sich ein Wolf, Fuchs, Kojote oder Schakal anschleicht, greift der wachsame Esel diesen Räuber an. Dabei rennt er, mit den Vorderhufen fest auf den Boden stampfend, auf das Raubtier zu, fletscht dabei die Zähne und versucht, es im Nacken zu packen, um es kräftig durchzuschütteln. Gegen ein ganzes Rudel Raubtiere kann allerdings auch ein Esel nichts mehr ausrichten. Außerdem sollten Esel nicht mit Schafen auf saftigen Wiesen zusammen gehalten werden, da sie sonst schnell zu dick werden, wie das Foto zeigt.

Obwohl Esel die Hunde erst einmal als natürliche Feinde betrachten, können sie sich auch mit ihnen anfreunden

Hunde

Der Wolf als Raubtier ist der natürliche Feind des Esels, und ein Esel setzt Hunde mit Wölfen so ziemlich gleich. Weil es in der Geröllwüste nicht immer klug ist, vor einem Feind panisch davonzulaufen, hat der Esel diesen tierischen Jägern gegenüber eine andere Strategie entwickelt, um sein Leben zu retten. Während Pferde in der Steppe superschnell laufen können und freie Bahn haben, das Weite zu suchen, greift der Esel das Raubtier an, tritt und beißt nach ihm. Er wird kein Risiko eingehen und daher nicht wegrennen, wenn es vor Stolpersteinen um ihn herum nur so wimmelt. Denn wenn er sich bei der Flucht ein Bein bricht, hat er verloren. Das Raubtier hätte dann eine leichte Beute. Diese Taktik übertragen Esel auch schon mal auf Hunde, besonders, wenn sie diese nicht gewöhnt sind.

Esel und Hund können aber auch Kumpel werden. Wenn die beiden unterschiedlichen Tierarten von klein auf miteinander aufwachsen, stehen die Chancen gut, dass sie sich gegenseitig akzeptieren und vielleicht sogar anfreunden.

Zwei Grauohr-Freunde der besonderen Art

Wasser

Ist man mit einem Esel auf Wanderschaft und möchte mit ihm einen Bach durchqueren, ist das eine große Herausforderung für alle Beteiligten. Denn Pfützen, Bäche oder Flüsse zu überwinden, ist sozusagen die Königsdisziplin für diese Tiere. Der Esel sieht im Wasser eine Gefahr, der er sich als vorsichtiges und mitdenkendes Tier nicht gerne aussetzen möchte.

Die Wellen brechen das Licht, weshalb die Wasseroberfläche glitzert. Der Esel kann nicht erkennen, wie tief der Bach ist. Demnach kann er auch nicht ausmachen, ob der Grund matschig, glitschig oder steinig ist. Hinzu kommt, dass das Wasser laut rauscht. Alles in allem ein Hindernis, um das er lieber einen großen Bogen machen möchte. Doch es gibt Situationen im Leben – auch in einem Eselleben –, wo kein anderer Lösungsweg besteht.

Wenn der Esel bereits Vertrauen zu seinem Menschen aufgebaut hat, wird er sich die Sache zwar dennoch gründlich überlegen, aber sobald er den ersten Huf ins Wasser setzt, wird er durch den Bach waten, als sei dies das Normalste der Welt. Er eilt nicht etwa hektisch hindurch, sondern wird sich seiner Sache sehr sicher sein. Schließlich hatte sein Mensch Geduld mit ihm und gab ihm Zeit, sich das Hindernis ausreichend lange anzuschauen.

Es gibt eine sehr schöne kleine Legende zu diesem Thema:

Im alten Griechenland beförderte ein Eseltreiber mit seinem Esel wertvolles Salz. Eines Tages rutschte der Esel beim Durchwaten eines Flusses aus. Während das Langohr sich bemühte, wieder auf die Füße zu kommen, löste sich das Salz im Wasser komplett auf. Dem Esel entging nicht, dass seine Last durch das Bad im Fluss leichter geworden war. Von nun an legte sich der Esel immer ganz bewusst mit den schweren Salzsäcken in den Fluss.

Für Esel ist es eine große Herausforderung, durch einen Fluss zu gehen

Der Eseltreiber, der mit dem Esel nur diesen Weg gehen konnte, weil kein anderer ins Tal führte, klagte sein Leid dem klugen Philosophen Thales. Der riet dem Eseltreiber, den Streich des Esels durch eine List wieder umzukehren. Er solle anstelle des Salzes einmal Wolle und Schwämme aufladen.

Als der Esel mit dieser Ware beladen wieder am Fluss ankam, legte er sich prompt ins Wasser. Diesmal wurde aber nichts weggespült, sondern die Wolle und die Schwämme saugten das Wasser auf und machten die Last des Esels viel, viel schwerer als zuvor. Das merkte sich das kluge Tier und ging von dem Tag an mit vorsichtigen Schritten und ohne sich niederzulegen durchs Wasser, und das Salz auf seinem Rücken blieb seitdem unversehrt.

Die Fortpflanzung

Beim Sozialverhalten, also dem Zusammenleben der Esel, gibt es Unterschiede zu Pferden. Das fängt schon bei der Zahl der Tiere an, die gemeinsam leben.

Zu zweit ist es am schönsten!

Im Gegensatz zu Schafen, Ziegen, Rindern oder Pferden bildet der Esel am liebsten ein Paar mit einem anderen Artgenossen. Es tun sich also immer zwei zusammen. Dabei ist es nicht so wichtig, wie alt oder jung, groß oder klein der andere Esel ist oder ob es sich um eine Stute oder einen Wallach (siehe Seite 50) handelt. Lediglich zwei Hengste tun sich nicht zusammen, sondern bekämpfen sich sogar. Man kann als Mensch auch oft gar nicht verstehen, warum sich ausgerechnet diese oder jene beiden Esel gefunden und angefreundet haben.

Fakt ist aber: Wenn in einer Eselgruppe drei, fünf oder sieben Esel leben, dann geht einer davon leer aus. Deshalb fühlen Esel sich am wohlsten, wenn in der Herde eine gerade Anzahl an Artgenossen lebt. Denn dann hat jeder die Möglichkeit, einen besten Freund zu finden.

Herde

Esel dürfen niemals alleine leben. Um sich wohlzufühlen, brauchen sie immer einen anderen Esel als Partner. Ein Pferd, ein Schaf oder eine Ziege als Partner ist nur ein fauler Kompromiss. Der Esel wird damit nicht glücklich sein – und das Pferd, das Schaf oder die Ziege übrigens auch nicht, denn jeder möchte schließlich seinesgleichen haben, mit dem er sich verständigen kann und der ähnliche Bedürfnisse hat.

Esel tun sich am liebsten zu zweit zusammen

Eselfohlen haben direkt nach der Geburt noch hängende Ohren

Sind die Ohren erst einmal aufgerichtet, kannst Du sehen, dass sie enorm groß wirken

„Rossig"

Eine Eselstute wird alle drei bis vier Wochen rossig. Das bedeutet, sie interessiert sich dann ganz besonders für einen idealen Paarungspartner, also einen Hengst, damit sie Mutter werden kann. Hat sie ihn gefunden, bringt eine Eselstute nach einer Tragzeit von zwölf bis 14 Monaten ein unheimlich süßes und flauschiges Fohlen zur Welt.

Ist so ein Fohlen nicht putzig?

Putziger geht es nicht!

Die Proportionen eines neugeborenen Eselchens sehen noch etwas drollig aus, denn es hat enorm lange Beine und kolossale Ohren. Die Ohren hängen direkt nach der Geburt noch schlaff herunter – ähnlich wie Schlappohren bei einem Widderkaninchen. Aber nach und nach richten sie sich auf und entfalten ihre ganze Größe. Und die ist beeindruckend für ein so kleines Wesen!

Da Esel Säugetiere sind, trinken die jungen Fohlen nun regelmäßig bei der Mutter Milch. Nach etwa einer Woche beginnen sie, auch Raufutter zu probieren. Denn am sechsten Tag brechen die Milchzähne durch, und diese wollen nun auch was zu tun haben.

Die Muttermilch ist sehr nahrhaft und sättigt das Fohlen

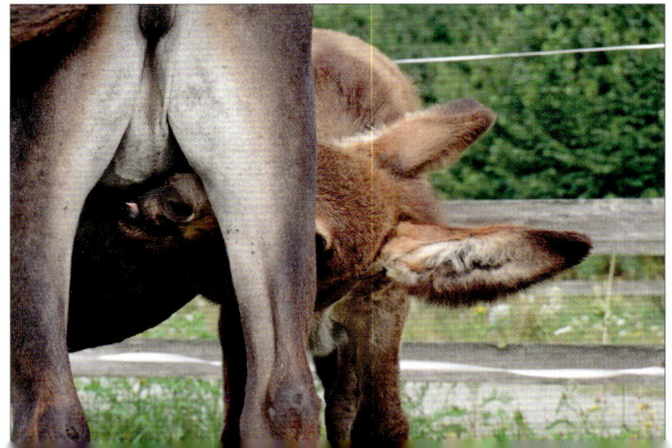

Eine Stute beschnuppert ihr gerade geborenes Jungtier

Eselwallach

Eselhengste möchten sich am liebsten das gesamte Jahr über mit so vielen Stuten wie möglich paaren, also für Nachwuchs sorgen. Doch leider hat ein Hengst hierzulande einfach weniger Auswahl und Möglichkeiten als in freier Natur. Er wird dann nicht nur sehr traurig, sondern auch fürchterlich launisch.

Daher ist es ratsam, einen Eselhengst operieren zu lassen, wenn man ihm nicht ein Leben wie in Freiheit bieten kann. Eine solche Operation nennt man Kastration. Ist der Hengst kastriert, sprechen wir von einem Wallach. Eselwallache haben nicht mehr den Drang, immerzu nach hübschen Eseldamen Ausschau zu halten, und führen ein friedvolleres und besser gelauntes Leben.

Einen kastrierten Eselhengst nennt man Eselwallach

Von Maultieren und Zeseln

Alle Pferdearten, also Esel, Pferde und Zebras, können sich miteinander verpaaren. Wenn eine Eselstute und ein Pferdehengst ein Junges bekommen, nennt man das einen Maulesel. Spricht man hingegen von einem Maultier oder Muli (unteres Bild), war es umgekehrt, dann ist also der Vater ein Esel und die Mutter ein Pferd. Eine Kreuzung aus Esel und Zebra wird Zesel (oberes Bild) genannt. All diese Kreuzungen sind allerdings unfruchtbar. Das heißt, dass die Jungtiere aus solchen „Mischehen“ selber keine Nachkommen mehr bekommen können.

Hat der Esel ausreichend Vertrauen zu seinen Menschen aufgebaut, lernt er schnell, sich im Verkehr zurechtzufinden

Die Intelligenz der Esel

Esel haben eine ausgezeichnete Auffassungsgabe und lernen deshalb sehr schnell – Gutes genauso wie Schlechtes. Sie scheinen sich stets viele Gedanken zu machen und speichern Erfahrungen gut ab, die sie gesammelt haben. Daher vergessen sie auch selten etwas.

Ihre Intelligenz lässt es zu, sich in unserer heutigen Welt mit hupenden Autos, lärmenden Flugzeugen und den unterschiedlichsten Menschen gut zurechtzufinden. Sie können sich prima anpassen und lernen immer noch hinzu.

Ein Esel kann zum Beispiel ziemlich gut unterscheiden, ob ein Mensch wirklich böswillig mit ihm umgeht oder ob er nur versehentlich einen Fehler gemacht hat. Vor allem gegenüber behinderten Menschen, die beispielsweise im Rollstuhl sitzen, mit Krücken laufen oder erblindet sind, ist ein Esel sehr nachsichtig. Der Esel kann gut verzeihen und ist selten nachtragend – vorausgesetzt, dass er ein Grundvertrauen zum Menschen aufgebaut hat.

Treffsicherer Tritt

Wenn ein Esel austritt und Dich nicht getroffen hat, dann wollte er Dich auch nicht treffen. In diesem Fall war das nur ein „Warnschuss". Denn die Grauohren sind sehr zielsicher und treffen immer das, was sie treffen möchten. Deshalb sagt man auch: „Ein Pferd tritt und schaut. Ein Esel schaut und tritt."

Esel haben ein sehr feines Gespür für Menschen

Sehr elegant wirkt der Barockesel

Eselrassen

Von Pferden, Hunden oder Katzen gibt es jede Menge Rassen. Beim Esel dagegen sind es nur etwa 32. Der Poitou-Esel (sprich: „Poatúh“) ist wohl die spektakulärste Rasse. Sie fällt nämlich durch ihr langes und zum Teil zotteliges Fell auf. Mancher Poitou hat richtige Rastazöpfe. Vor allem in Frankreich lässt man das Fell traditionell verfilzen. In Deutschland dagegen wird es meistens gehegt und gepflegt, also täglich gründlich gebürstet, damit es eben nicht verfilzt. Denn die Filzplatten sind dem Esel oft unangenehm, da sie an der Haut ziepen. Außerdem sammeln sich schnell Parasiten im Fell an, wenn man es nicht pflegt.

Weitere Rassen sind beispielsweise der Deutsche Esel, der Andalusische Riesenesel oder der Katalanische Esel.

Aus Italien stammt die Rasse Martina Franca

Poitou-Esel
bieten einen
urigen Anblick!

Zwergesel-Fohlen sind besonders niedlich

Eselfarben

Bei den Fellfarben existiert eine enorme Bandbreite. Es gibt zum Beispiel den „Schmuggelesel". So werden Esel genannt, die komplett schwarz oder zumindest dunkelbraun sind. Sie haben kein Mehlmaul, keine „Brille" (also keine hell umrandeten Augen) und keinen hellen Bauch. Den Namen bekamen sie, weil man mit diesen Eseln nachts sehr gut getarnt war und Schmuggelware transportieren konnte, ohne entdeckt zu werden. Denn in der Nacht verschmolzen diese Esel mit der Dunkelheit. Die klassische Eselzeichnung – zum Beispiel das Mehlmaul – dagegen leuchtet in der Finsternis fast wie eine Laterne ...

Eselgrößen

Esel werden nicht nur nach Rassen, sondern auch nach Größen unterteilt. Mini-Esel werden nur ein bisschen größer als ein ausgewachsener Schäferhund. Danach folgen Zwergesel – sie haben die Größe eines jungen Kalbes. Hausesel sind immerhin so hoch gewachsen wie ein kleines Reitpony. Und am Ende haben wir Großesel, die so groß wie ein Pferd sein können.

Hier siehst Du, wie in Deutschland Esel nach ihrer Größe eingeteilt werden, gemessen jeweils an der Schulter:

Großesel: ab 131 Zentimeter
Hausesel: von 106 bis 130 Zentimeter
Zwergesel: von 91,5 bis 105 Zentimeter
Mini-Esel: bis 91,4 Zentimeter

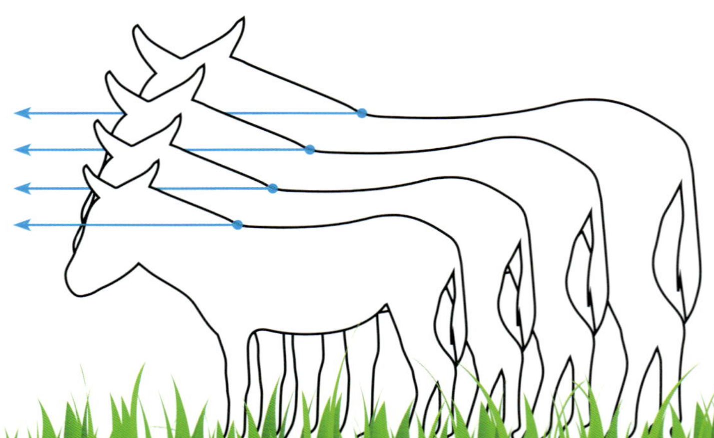

Schecken

Neben braunen, schwarzen, beigefarbenen, zimtfarbenen, weißen, grauen und rötlichen Eseln gibt es auch gescheckte. Diese Laune der Natur ist in den letzten Jahren mächtig in Mode gekommen.

Hier tragen Esel und Maultiere in Nepal Lasten

Esel weltweit

Heute gibt es auf der Welt schätzungsweise zwischen 40 und 60 Millionen Esel. China ist das Land mit dem größten Anteil daran: Dort leben rund 6–10 Millionen Grauohren. Allerdings dienen sie dort nicht nur als Arbeitstiere, sondern auch der Fleischgewinnung – sie landen also auf dem Teller.

Frankreich ist das Eseltrekkingland schlechthin: Dort gibt es viele Eselbesitzer, deren Tiere man für eine schöne Wanderung mieten kann. Besonders beliebt ist das bei Wallfahrern, die sich auf dem Weg durch Frankreich nach Santiago de Compostela in Spanien befinden.

Auch dem Weg durch die Cevennen-Berge, den der Schriftsteller Robert L. Stevenson in seinem Roman „Reise mit dem Esel durch die Cevennen" geschildert hat, folgen viele gerne.

Für dieses nordafrikanische Beduinenmädchen gehört der Esel zum Alltag – genau wie die vorwitzige kleine Ziege, die auf ihm herumklettert

Dieses Langohr dient seiner Besitzerin und ihrem Kind als Reittier in der dünnen Höhenluft der peruanischen Anden

Viehfutter transportiert dieser Esel in Ägypten

In England gibt es eine riesige Auffangstation. Dort päppeln Helfer in Not geratene Esel wieder auf. Auf der kenianischen Insel Lamu können keine Autos fahren, weil die Straßen und Gassen zu eng sind. Dort leben ganz viele Esel, mit denen die Menschen ihre Einkäufe transportieren.

Über die ägyptische Königin Kleopatra sagt man, sie habe in Eselmilch gebadet, damit ihre Haut jung und straff blieb. In Slowenien wird Eselmilch heute noch als Medizin gegen Keuchhusten eingesetzt. In Belgien wird aus Eselmilch auch Seife hergestellt. Sie ist für empfindliche Menschen gedacht, die auf andere Seifen allergisch reagieren.

Ungarn ist bekannt für seine Eselsalami. Ja, auch diese Nutzung des Esels in Europa möchte ich Dir nicht verschweigen. Es gibt viele Rezepte, die Eselfleisch beinhalten.

Gleich vier Esel ziehen hier im Norden Namibias einen Karren

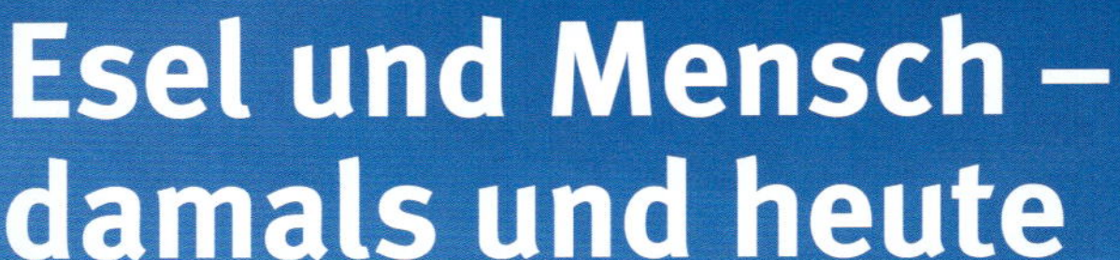

Esel und Mensch – damals und heute

Als der Esel nach Europa kam, diente er vor allem als Lastenträger. Er schleppte die Mehlsäcke des Müllers oder wurde vor den Pflug gespannt, um ein Feld zu bestellen. Vor allem in den Weinbergen war der Esel sehr beliebt, denn die terrassenartigen Hänge meisterte der trittsichere und wendige Esel besser als jedes andere Lasttier.

Esel werden auch heute noch als Pack- und Lasttier zur Arbeit eingesetzt

Esel helfen auch beim Ackerbau und werden vor den Pflug gespannt

Aber auch vor der Kutsche machte der Esel eine gute Figur. Natürlich war er nicht so schnell wie ein Pferd, aber dafür sehr ausdauernd. Er ist sozusagen der Marathonläufer unter den Pferdeartigen.

Esel wurden auch „unter Tage" eingesetzt, zum Beispiel beim Abbau von Steinkohle. Dort zogen sie in den Stollen die Loren, also die Wagen, auf denen die Kohle transportiert wurde.

Selbst Goldgräber fanden Gefallen an dem Langohr. Der Esel transportierte nicht nur den Proviant der Arbeiter zur Mine, sondern trug auch das wertvolle Metall in die Stadt.

Heute haben Maschinen den Esel in den meisten Regionen Europas arbeitslos gemacht. In Griechenland wurden die Esel von den Bauern einfach ausgesetzt und sich selbst überlassen. Denn nun haben die Landwirte Traktoren, die die Arbeit der Esel übernehmen.

Vor der Kutsche machen Esel ebenfalls eine gute Figur

Und dennoch ist der Esel mittlerweile beliebter denn je, denn seine Qualitäten als ruhiges, vorsichtiges, neugieriges, verschmustes, intelligentes, anpassungsfähiges, lernwilliges und zuverlässiges Tier werden immer noch gebraucht.

Wandern mit dem Esel beispielsweise ist ein unvergleichliches Erlebnis. Die Natur im Tempo des Esels zu entdecken, ist wohl die schönste Art zu „entschleunigen", also nicht mit Hast zu reisen, sondern mit Genuss. Mit ihm an der Seite siehst Du vieles aus einer anderen Perspektive, und das regt zum Nachdenken an, ohne einen zu stressen. Nichts ist für Körper und Seele erholsamer, als einen Tag mit einem Esel durch den Wald zu marschieren und dabei Beeren, Nüsse und Pilze zu sammeln.

Wer nicht gerne zu Fuß unterwegs ist, schätzt den Esel auch vor der Kutsche. Seine Ausdauer ist bemerkenswert, und man kann auf diese Weise viele Kilometer am Tag zurücklegen. Da er sich bei plötzlichen Ereignissen nicht so panisch verhält wie ein Pferd, ist eine Kutschfahrt mit einem Esel deutlich sicherer als mit seinem nervöseren Verwandten.

Aber vor allem boomt der Esel im Einsatz der sogenannten tiergestützten Therapie. Esel spiegeln sehr schön unsere Stimmung wider und zeigen uns Menschen, wie wir sind. Mit einem guten Therapeuten, Arzt oder Lehrer an seiner Seite schafft ein Esel es schnell, den zu behandelnden Menschen aus der Reserve zu locken. Die Menschen bekommen durch ihn zum Beispiel neuen Lebensmut. Oder können nach einer langen Trauer, die sie durchlebt haben, endlich wieder einmal lachen. Vor allem gestresste Menschen, die sehr hektisch sind und wenig Geduld haben, bringt der Esel wieder „ins Lot".

Eselgerechte Traglast

Damit der Esel nicht wie im alten Ägypten verformte Knochen bekommt, weil er zu schwer schleppen muss, sollte ein gesunder Esel nicht mehr als ein Fünftel seines eigenen Gewichtes tragen. Ein gut durchtrainierter Esel von etwa 150 Kilogramm Körpergewicht darf also maximal 30 Kilogramm inklusive Packsattel tragen, ohne dass man ihm auf Dauer mit diesem Gewicht Schaden zufügen würde.

Wandern mit einem Esel bereitet viel Freude

Esel werden heute gerne als tierische Therapeuten eingesetzt

Großes Esel-

Nun hast Du viel über Esel gelesen und erfahren. Du bist jetzt ein richtiger Eselexperte geworden. Hast Du Lust, Dein Wissen bei diesem Quiz zu testen? Kreuze mit Bleistift die Antwort an, die Du für richtig hältst – manchmal stimmen auch mehrere Antworten. Die Lösungen findest Du auf Seite 64.

1. Schmuggelesel haben ...

a) ... ein strahlend weißes Fell ❍
b) ... ein komplett dunkelbraunes oder schwarzes Fell ❍
c) ... die klassische Eselzeichnung ❍

2. Unsere zahmen Hausesel stammen ursprünglich aus ...

a) ... Alaska ❍
b) ... Australien ❍
c) ... Afrika ❍

3. Wenn der Esel „fühlig“ ist, dann ...

a) ... hat er Mitgefühl mit dem Menschen ❍
b) ... fühlt er, dass ein Milchzahn wackelt ❍
c) ... schmerzen die Hufe beim Gehen ❍

4. Eselhufe wachsen ...

a) ... im Sommer schneller als im Winter ❍
b) ... etwa einen Zentimeter im Monat ❍
c) ... immer weiter ❍

5. Das Fell des Esels ...

a) ... staubt immer ❍
b) ... löst fast nie Allergien aus ❍
c) ... riecht für unsere menschliche Nase intensiver als ein nasser Hund ❍

6. In welchem Film spielt ein Esel eine große Rolle?

a) Madagascar ❍
b) Shrek ❍
c) Kung Fu Panda ❍

7. Wenn der Esel flehmt, dann ...

a) ... riecht er etwas Interessantes ❍
b) ... hört er etwas Lautes ❍
c) ... sieht er etwas weit Entferntes ❍

8. Wenn der Esel gähnt, dann ist er ...

a) ... müde ❍
b) ... gestresst ❍
c) ... in Paarungsstimmung ❍

9. Esel sollten ...

a) ... höchstens ihr eigenes Gewicht tragen ❍
b) ... höchstens ein Fünftel ihres eigenen Gewichtes tragen ❍
c) ... bei einem Eigengewicht von 150 Kilogramm maximal 30 Kilogramm an Last tragen ❍

10. Kleopatra soll ...

a) ... in Eselheu geschlafen haben ❍
b) ... sich einen warmen Pullover aus Eselfell gestrickt haben ❍
c) ... in Eselmilch gebadet haben ❍

11. Welche Pflanze ist für Esel tödlich giftig?

a) Distel ❍
b) Eibe ❍
c) Brennnessel ❍

12. Esel leben am liebsten ...

a) ... ganz allein ❍
b) ... mit einem anderen Esel zusammen ❍
c) ... allein unter Pferden ❍

13. Beim Maulesel ist ...

a) ... die Mutter ein Esel ❍
b) ... die Mutter ein Zebra ❍
c) ... die Mutter ein Kamel ❍

14. Esel gehen auf ...

a) ... der Zehenspitze ❍
b) ... der Sohle ❍
c) ... dem Ballen ❍

15. Der Hufschutz besteht aus ...

a) ... Hufeisen und/oder Hufschuhen ❍
b) ... Hufsilber und/oder Hufsandalen ❍
c) ... Hufgold und/oder Hufpantoffeln ❍

16. Wer gehört alles zu der Familie der Pferdeartigen?

a) Hund, Wolf, Fuchs, Kojote und Schakal ❍
b) Lama, Alpaka, Kamel und Dromedar ❍
c) Esel, Pferd, Pony, Zebra und Maultier ❍

17. Schäferesel ...

a) ... bewachen die Schafherde ❍
b) ... vertreiben Raubtiere ❍
c) ... sind eine Kreuzung aus Schaf und Esel ❍

18. Ein zu dicker Esel bildet Fett ...

a) ... auf der Nase und um die Augen ❍
b) ... auf den Rippen und am Mähnenkamm ❍
c) ... über den Hufen und an den Ohren ❍

19. Esel mögen gerne ...

a) ... fest mit der flachen Hand auf die Stirn geklopft werden ❍
b) ... mit zur Kralle geformten Hand an der Schulter gekrault werden ❍
c) ... mit der flachen Hand am Hals gestreichelt werden ❍

20. Gras ...

a) ... ist die natürliche Hauptnahrung eines Esels ❍
b) ... frisst der Esel gerne ❍
c) ... ist sehr kalorienreich für den Esel ❍

Esel und Mulis muss man einfach lieben!

Lösungen zum Eselquiz:

1) b: Sogenannte Schmuggelesel sind dunkelbraun oder schwarz gefärbt, damit sie bei Nacht nicht auffallen
2) c: Die Vorfahren unserer zahmen Hausesel stammen aus Afrika.
3) c: Einen fühligen Esel schmerzen die Hufe beim Gehen.
4) b und c: Eselhufe wachsen ständig, und zwar etwa einen Zentimeter pro Monat.
5) a und b: Das Eselfell staubt immer, löst aber nur bei ganz wenigen Menschen Allergien aus.
6) b: In Shrek spielt ein sprechender Esel eine wichtige Rolle. Sein reales Vorbild war der kalifornische Zwergesel „Pericles".
7) a: Wenn ein Esel etwas Interessantes riecht, flehmt er.
8) a und b: Ein gähnender Esel ist müde oder gestresst.
9) b und c: Esel sollten höchstens ein Fünftel ihres eigenen Gewichtes tragen. Das bedeutet: Ein 150 Kilogramm schwerer Esel darf maximal 30 Kilogramm Last aufgelegt bekommen.
10) c: Die Pharaonin Kleopatra soll in Eselmilch gebadet haben, weil diese gut für die Haut ist.
11) b: Eibe darf ein Esel keinesfalls fressen, denn sie ist für ihn tödlich giftig!
12) b: Ein Esel fühlt sich am wohlsten, wenn er mit einem Artgenossen zusammenlebt.
13) a: Die Mutter eines Maulesels ist ein Esel.
14) a: Esel gehen auf den Zehenspitzen – das sind die Hufe nämlich.
15) a: Das war nicht schwer: Als Hufschutz dienen Hufeisen oder Hufschuhe.
16) c: Auch diese Frage konntest Du ganz sicher richtig beantworten: Pferde, Zebra- und Eselarten bilden die Familie der Pferdeartigen. Auch Ponys, also kleine Pferde, und Maultiere sowie Maulesel zählen dazu.
17) a und b: Schäferesel bewachen die Schafherde nicht nur, sondern vertreiben Raubtiere sogar aktiv!
18) b: Einen zu dicken Esel erkennst Du an Fettpolstern auf den Rippen und am Mähnenkamm.
19) b: Esel lieben es, wenn Du sie mit der zur Kralle geformten Hand an der Schulter kraulst.
20) b und c: Gras frisst der Esel zwar gerne, es ist als Hauptnahrung aber viel zu kalorienreich für ihn.

Entdecke die Reihe mit der Eule!

Entdecke die Eulen

Entdecke die Greifvögel

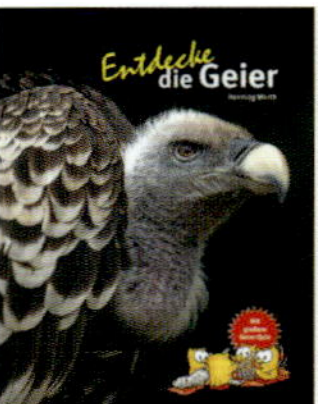
Entdecke die Geier

Entdecke die Rabenvögel

Entdecke die Spechte

Entdecke die Finken

Entdecke die Spatzen

Entdecke die Eisvögel

Entdecke die Zugvögel

Entdecke die Singvögel

Entdecke die Meisen

Entdecke die Kraniche

Entdecke die Störche

Entdecke Schwäne, Gänse & Enten

Entdecke die Möwen

Entdecke die Pinguine

Entdecke die Papageien

Entdecke die Kolibris

Entdecke die Fledermäuse

Entdecke die Hunde

Entdecke die Schafe

Entdecke die Kühe

Entdecke die Pferde

Entdecke die Esel

Entdecke die Igel

Entdecke die Maulwürfe

Entdecke die Waschbären

Entdecke die Biber

Entdecke die Otter

Entdecke heimische Wildtiere

Entdecke die Wölfe

Entdecke die Bären

Entdecke die Tiger

Entdecke die Menschenaffen

Entdecke Affen und Lemuren

Entdecke die Hyänen

Entdecke die Pandas

Entdecke die Elefanten

Entdecke die Nashörner

Entdecke die Giraffen

Entdecke die Erdmännchen

Natur und Tier - Verlag GmbH
An der Kleimannbrücke 39/41 · 48157 Münster

Telefon: 0251 - 13339-0 · Fax: 0251 - 13339-33
E-Mail: verlag@ms-verlag.de · www.ms-verlag.de